AF591366

I libri fanno aprire le labbra

Per accennare al contenuto di questo monologo brillante, basterebbe dire: quando acquistare un regalo per il compleanno della moglie, diventa un problema di sopravvivenza. Ma chi non ha moglie, riuscirebbe a comprendere, fino in fondo, cosa comporta scegliere un regalo per festeggiare tale evento? E a noi che ce ne frega!... In ogni caso, credo che tra queste pagine troverebbe la drammatica conferma dei dilemmi che nascono anche per festeggiare tale avvenimento! Nel nostro caso, il protagonista decide di regalare alla moglie un libro. Ma come dovrebbe essere questo benedetto libro?... Quale formato, quale peso, quale autore?... Classico o moderno, post bellico, realista, qualunquista, raccomandato o Autore di Lulu.com? Leggere per credere, per comprendere quanto sia difficile essere un buon marito.

L'autore

IL LIBRO

Monologo brillante
di
Michele Sarrica

Posizione SIAE 79399

ISBN 978-1-4466-7567-0

Grafica e copertina "Occhio sul mondo"
di *Francesco Gallina*

www.michelesarrica.it
michelesarrica@interfree.it

IL LIBRO

Monologo brillante
di
Michele Sarrica

In caso di rappresentazione
l'opera si potrà ridurre ma non elaborare

IL LIBRO

Monologo brillante
di
Michele Sarrica

Evviva!... Ho trovato!... Eureka!... Credo proprio di aver risolto il mio problema! Quest'anno, alla mia gentilissima consorte, per il suo compleanno, le regalerò un bellissimo libro. Cribbio che idea brillante!.. Un libro è sempre un libro!... E come ben sappiamo, i libri sono sempre graditissimi, specie, quando chi li riceve, è una donna sensibile, disinteressata, amante della buona lettura. Ma questa è un'altra storia, un'altra donna!... Anche se in lei molte qualità socio-culturali superano appena la sufficienza, credo proprio di non sbagliare nel regalarle un libro!

In fondo, un libro è uno status symbol, un bigliettino da visita. Oltre a rappresentare il gusto e la personalità, ultra particolare, di chi l'ha scelto, evidenzia anche tutta la sensibilità emotiva e culturale di colei che lo riceve: inclinazioni, generi prediletti, simpatie letterarie, tendenze politiche, e così via discorrendo.

Nella scelta di un libro, insomma, si cela il gusto critico-letterario di chi l'ha preferito ad altri mille titoli e, di conseguenza, anche il gusto di chi lo leggerà preferendolo a due o tre titoli!

Questa volta la sbalordirò!... Attraverso questo straordinario dono riscoprirà in me un uomo nuovo, lavato con "perlana".

Le regalerò un libro bellissimo!... Bellissimo?... Ma, cosa vuol dire, un libro bellissimo?... Buuuh!... Secondo me, un libro bellissimo vuole dire, innanzi tutto, che dovrebbe essere straordinario, meraviglioso, unico!... Per prima cosa dovrebbe avere un aspetto piacevole, come se fosse un uomo, un uomo che a prima vista fa subito colpo! Come me, ad esempio!... E poi, a parte la bellezza globale, se scendiamo nel dettaglio, nei particolari anatomici e contenutistici del prodotto-libro, allora e solo allora, riusciremo a comprendere e a stabilire che un libro dovrebbe essere elegante e sobrio, colorato, ma non troppo. Dovrebbe avere una copertina telata-rigida, ma non troppo, che riproduca, possibilmente in quadricromia, un'opera d'arte di un autore famosissimo, meglio se trattasi di un pittore morto. Più morto è il pittore e più prezioso è il suo dipinto! Questo principio lo conoscono tutti, anche gli ignoranti! E poi, in contrasto con la vivacità del soggetto riprodotto, bisognerebbe che il nome dell'autore dell'opera, il titolo della stessa e l'eventuale sottotitolo della medesima, fossero stampati in nero e con caratteri semplici, nobili, leggeri, posti a una certa distanza dal bordo, né un centimetro in più, né un centimetro in meno!... Chiaro?

A proposito dell'autore! Mi stanno nascendo degli atroci dubbi!... È preferibile analizzarli con zelante scrupolo!... Primo dubbio: dev'essere un autore contemporaneo, possibilmente vivo, o un contemporaneo possibilmente defunto?... Secondo dubbio: deve essere un autore classico o dev'essere un autore post-bellico, iperrealista, o un autore moderno, super qualunquista?... Terzo e ultimo dubbio: è preferibile rivolgersi ad uno scrittore, maschio, o è preferibile adottare l'opera di una scrittrice femmina?... Cribbio, quanti dilemmi!... Credetemi, sono davvero confuso! E allora, sai che ti dico? Onde evitare di sbagliare, ritengo che sia preferibile pensare in seguito a queste fondamentali e importanti soluzioni, in quanto, ancora, non ho chiaro se la scelta dell'autore dipenderà dalla classe dominante, rispetto alla classe emergente, o dalla classe emergente rispetto ai raccomandati!... In ogni caso, momentaneamente, in questa fase, è preferibile accantonare anche questo complesso problema altrimenti mi blocco e addio regalo!

Per prima cosa, devo definirne l'aspetto fisico dell'oggetto libro. Poi, vaglierò anche gli altri aspetti, compreso il contenuto stesso del libro! Ma per vagliare il contenuto, prima, dovrei leggere il libro, metabolizzarlo e criticarlo. Potrebbe anche succedere che, per acquistare un libro, dovrei passare in rassegna l'opera omnia di Aldo Busi! E siccome io non ho tempo da perdere, per il contenuto mi affiderò al contenente, cioè, all'aspetto esteriore del libro!

A proposito dell'aspetto, come dimenticare la bellezza del dorso, il fondo schiena del libro? Forse, i libri, non si conservano in libreria e sempre col dorso rivolto verso l'esterno, verso un probabile pubblico che li passa in rassegna per sceglierne uno? Quindi, il dorso, dev'essere degno della libreria che lo ospiterà. Il dorso che, in definitiva, rappresenta la colonna portante dell'opera, dev'essere bello, virile, elegante, come la schiena di un bell'uomo: la mia! Il dorso dev'essere calamitante per attrarre un pubblico raffinato, intelligente, buongustaio, diverso dal solito pubblico di zotici che mangiano tutto e di tutto purché si riempiano la pancia! Una bella copertina e un dorso adeguato faranno fare bella figura al libro anche quando lo stesso giacerà, impolverato, sopra il comodino di mia moglie, per giorni, mesi e, a volte, anche per millenni!...

Secondo me, un buon libro, non deve passare inosservato! Non deve rimanere immobile, passivo, in una libreria qualsiasi, senza suscitare nessuno stimolo emotivo!

Un buon libro deve fare anche arredamento, altrimenti, che libro è? E per quanto concerne il formato?... Ah, il formato!... È la cosa più difficile da scegliere! Comunque, nel bene o nel male, ho dei parametri dai quali prendere spunto.

Prima di tutto, dovrà entrare, perfettamente, nella mia libreria. Dovrà essere all'altezza degli altri già residenti da anni in quel posto. E nello stesso tempo, dovrà mantenersi dritto, fermo, immobile, senza appoggiarsi sugli altri, come di solito fa un libro stanco, annoiato, moscio, senza spina dorsale. Quindi, non deve essere né troppo piccolo, né troppo grande: adatto alla libreria che lo conterrà nei secoli. Ma, soprattutto, dovrà essere adatto alle fragili mani dell'attenta lettrice, alla sua forza fisica, alla delicatezza innata della mia signora che con una mano, e sottolineo una, riesce, a malapena, a sollevare una mucca, una mucchina piccola-piccola, s'intende. In ultima analisi, un buon libro, non può rischiare di stancare anche fisicamente il suo lettore!.. Che libro mai sarebbe?... Che volgarità se stancasse mia moglie quando lo tiene in mano, quando lo sfoglia, delicatamente, leccandosi l'indice e il pollice per girare pagina! O, quando, in mancanza di saliva, intinge il dito nelle sue lacrime salmastre, sgorgate dai suoi occhioni blu, anzi, mi sembra castani, scese copiose dalle pareti rosee delle sue lisce gote, fino all'angolo della sua bocca rossa ciliegia, da dove inizia il sorseggio rumoroso delle stesse lacrime in un perenne circuitàre di liquidi e passioni, come fosse un'osmosi tra l'essere e la materia. E tutto questo, per colpa di quella tristissima storia troppo commovente!... Troppo!... Dio che strazio!... Che tremenda sciagura!...

Immaginate, voi, che cafonaggine sarebbe se questo succedesse nell'attimo in cui, la poverina, dovrebbe girare pagina, così come le sfoglia lei, con delicata armonia, mentre sorseggia un pochino di muco rimasto in punta al suo nasino arrossato!

Che grande mostruosità sarebbe il dovere sopportare quell'innaturale pesantezza, e proprio nell'attimo in cui sarebbe maggiormente coinvolta dalla crudeltà dalla trama!

Che inutile cattiveria, quando immersa nella profonda immedesimazione emotiva che la contraddistingue, la mia delicatissima consorte, Rosalia, non troverebbe né saliva e né lacrime!... Cosa farebbe, vi domanderete?... E che ne so, io!... Chi avrebbe il coraggio di girarle le pagine mentre dai suoi occhi, mi sembra nero corvino, e dal suo naso arrossato scolerebbero le rimanenze liquide, grigiastre, del suo inutilizzato cervello?... Io no!... E chi dovrebbe richiudere, secondo voi, il povero e umido libro e posarlo delicatamente in libreria?... Lo sapete?... Nemmeno io!... E allora, cari amici e care amiche, io mi domando e dico: come rimandare, ad altro giorno meno infausto, quella dura prova di lettura e proprio nel momento culminante della scena travolgente, quando stava per scoprire il feroce assassino? Sarebbe una crudeltà inutile, inflitta con sadismo a una fragile e innocua creatura immersa nella lettura del suo libro preferito! Non me lo perdonerei mai!.. Mai!... Nemmeno lei non me lo perdonerebbe, nei secoli dei secoli!... E la sua vendetta sarebbe tremenda!... Per una settimana, qui, a casa mia, si mangerebbe solo pasta e fagioli e fagioli con pasta!... Per l'altra settimana, solo fagioli!... Dico, signori, ma ve lo immaginate, voi, cosa dovrei escogitare per sopravvivere in quella turbolenza atmosferica, in quel clima di guerra?...

Bom!... Booom!... Batabuuum!.... Ta-ta-ta-ta-tà!... Buuum!.... Psss!.... Bom!...

Fortunatamente, in questi casi estremi, la mia cara sposa, (cara nel senso che mi costa troppo) adotta un altro sistema molto efficace. Quando avverte di essere a corto di saliva e di lacrime, sapete cosa fa?... Non vi sforzate, si vede ad occhio nudo che non lo sapete!... Prende il dito indice e lo infila nella narice pertinente. Voi mi direte: ma che c'entra, mica si deve scaccolare?... E avete ragione!.... Non si deve scaccolare!... Di solito lo fa di mattina, durante la colazione, e la sera, prima di andare a letto, durante il santo rosario!... Lei, infila l'indice nel naso per intingere direttamente il dito nella narice al fine d'inumidirlo!... E trivella-trivella fino a trovare dell'umido!... Il muco?... No, la rimanenza di quello che una volta era una fontana zampillante di muco!... Allora, con evidente forza estrattiva e tanta buona volontà, esce il dito, che nel frattempo si era incastrato, lo annusa, lo guarda da vicino, proprio per vedere meglio il suo stato di umidità, e poi lo adopera per girare la pagina del libro. E per almeno tre ore continua a scavare in quell'humus, ad assaggiare le zollette del suo grasso e fertile terreno, prima di farne uso!... E poi ha il coraggio di affermare che lei ingrassa senza mangiare!...

E voi, signore, avete mai pensato al peso di un buon libro?... Voi, editori, scrittori, rivenditori, avete mai riflettuto su questo annoso e fastidioso problema?... Dico, ve lo immaginate, voi, che cafonaggine sarebbe se il peso specifico fosse esagerato? Se il peso non fosse, almeno, abbastanza bilanciato? Avete mai riflettuto, cari signori, alle conseguenze catastrofiche se a causa di un peso eccessivo, risvegliaste, in mia moglie, qualche fastidioso dolorino reumatico e proprio mentre s'immerge nella trama del libro? Ve le immaginate, voi, le conseguenze, se a mia moglie quel peso le fosse di disturbo mentre, in cuor suo, paragona la figura macilenta del protagonista, figura puramente letteraria e fantasiosa, con un vero uomo in carne e ossa come, ad esempio, il sottoscritto, appartenente alle serie:

un uomo che non deve chiedere mai? Lo capite, voi, cosa potrebbe succedere se, per disgrazia, il libro le dovesse cadere di mano e proprio mentre paragona le intrepide gesta del suo grande eroe con le normalissime gesta, meno eroiche, del sotto-scritto?... Che disgrazia, che disgrazia, per me! Come minimo dovrei alzarmi di scatto dalla poltrona, anche se in quel momento stessi seguendo una partita di calcio, raccattarle il libro e, magari, farle dei massaggi nella parte dolorante con del "fastum gel". Immaginate, voi, se la cosa accadesse durante un calcio di rigore a favore delle mia squadra!... Forza, immaginate!... O salterebbe in aria il televisore, e questo non si può fare, o salterei io dalla finestra, con un l'ultimo urlo da stadio! E questo si può fare!... Tanto, io, costo molto, ma molto meno di un televisore!... Quindi, dico io, se alla formazione del peso del libro concorre il tipo di carta per il numero delle pagine, diviso 3 e 14, allora, miei cari signori editori e miei cari signori tipografi, per favore, fate molta attenzione anche a questo aspetto, fondamentale, altrimenti, addio partita!

A pensarci bene, il numero delle pagine non

dovrebbe superarare una certa quantità se si desidera che la lettrice in oggetto sia più coinvolta, più partecipativa e meno lenta nell'interpretazione del testo. Perché, come ben sappiamo, più sono le pagine e più difficile diventa capire il contenuto, ricordare tutti gli episodi!... Esempio: se all'inizio del libro tu leggi un nome, mettiamo, Victor Vattalapesca, nome comunissimo di persona, e poi, questo tizio, che nemmeno avete avuto il tempo di presentarvi, te lo ritrovi dopo 350 pagine, perché magari nel frattempo era partito per le ferie, come cavolo fai a ricordarti chi era?... Che fa, ricominci da capo?... 350 pagine?... Nooo! E mettiamo il caso che Victor sia partito per le ferie e non abbia lasciato nemmeno un misero recapito telefonico, che fai, chiami tutti gli alberghi di Charm?... E come fai a chiamare tutti gli alberghi di Charm el Sheikh se non sai nemmeno che cavolo di lingua si parla da quelle parti?... E ammesso che lo sapessi, tu, che cavolfiore di lingua sai parlare oltre a quella del tuo condominio?...

Avete visto, gentilissime signore mie? Mie, si fa per dire!... Ci mancherebbe anche questa disgrazia!... Credetemi, mi basta un solo compleanno in famiglia!... Dico, avete visto quanti noiosi problemi nascono per il piacere di farvi un regalo?... Avete compreso quante aberranti complicazioni dobbiamo superare per la soddisfazione di rendervi felici, almeno nel sacro giorno del vostro compleanno?...

Vi prego, mie nobilissime signore, ascoltate un mio spassionato consiglio: rinunciate a questi stupidi festeggiamenti!... Non ne vale la pena!... Parola di Francesco Amadori!... Non mi credete? E allora, parola di Giovanni Rana e di Roberto Carlino!

In ogni caso, un buon libro, come abbiamo visto ed esaminato, non dovrebbe essere formato da moltissime pagine. Per carità, è una cafonaggine inaudita! È finito il tempo delle divine commedie, dei promessi sposi, delle saghe familiari. Addio, Guerra e pace, Cent'anni di solitudine, Beautiful!... No, Beautiful continua!... Dicono che finirà con la fine del mondo, in diretta televisiva!...

Però, attenzione, signori mariti, sappiate che un buon libro non dovrebbe essere formato nemmeno da pochissime pagine, anche se piacevoli e intense! Potrebbe essere considerato sinonimo di tirchieria intellettuale, di mancanza di creatività, d'aridità mentale e culturale. Il numero delle pagine, secondo la mia modesta esperienza, dovrebbe essere adatto a una stesura media, moltiplicato per una grandezza media e diviso per un peso medio. D'altronde, basta ricordare che *"in media stat virtus"* per applicare saggiamente questo enunciato. D'accordo?... Dico, siete tutti d'accordo?... Ruffiani!...

La carta, ovviamente, dovrebbe essere di colore chiaro! Né troppo bianca, né troppo scura! Il bianco è volgare, e la carta scura non si abbina alla pelle lattiginosa della mia signora! Nemmeno gialla, direi, poiché il giallo sa di limoni, di diarrea, di agro: sapori, colori e odori che lei non gradisce!... Siete tutti d'accordo?... Grazie, siete tutti gentilissimi, gentilissimi ma ruffiani!...

Comunque, si potrebbe scegliere un grigio perla, un leggero scamosciato o, magari, un pergamenato verde marino. D'accordo?...

In ogni caso, a parte il colore, la carta di un buon libro non dovrebbe essere né troppo spessa, né troppo leggera!... Normale!... Dovrebbe essere, assolutamente, normale!... In fondo la normalità è la strada dei giusti! D'accordo?... Dico, siete tutti d'accordo?... Io no!... Non so chi l'abbia detta questa scemenza, forse io stesso, ma, al punto in cui siamo, scemenza in più, scemenza in meno, che male può fare? Che male ne potrà derivare a uno come me, che ha vissuto per ben... per ben... acciderba, quanti anni!... Certo che passare tutti questi secoli, giorno dopo giorno, mese dopo mese, tredicesima dopo tredicesima, sempre con la stessa moglie e con la stessa suocera, che altre scemenze mai si può aspettare un uomo dalla vita? Ormai quelli come me, tradizionalisti, abituati come sono alle abitudini, si possono contare sulle dita di una mano! Siamo rimasti in pochi, cari signori uomini! Siamo rimasti in pochi a tentare, ancora, di sbalordire, con un semplice regaluccio, la nostra gentilissima signora!... In pochissimi!... Solo io! Ed io, sono convinto, che con quest'idea del libro, quest'anno la sbalordirò!

- Cara, le dirò, l'attimo prima di spegnere le candeline, proprio mentre sta per ingurgitare l'aria che dovrebbe spegnerle. Ma, direte voi, giustamente: perché proprio l'attimo prima, con i polmoni stracarichi di ossigeno, d'azoto e di anidrite carbonica?... Perché proprio mentre si trova con le gote al massimo della loro espansione?... Così?... Ma è semplice, benedetta signora della terza fila! Così, la mia giù-giù, col pensiero alla torta e alla cera che si scioglie sulla panna, non starebbe attenta né a quello che le direi, né a quello che le offrirei in regalo, e oplà, il gioco sarebbe fatto!... Tutto, e sottolineo tutto, passerebbe inosservato.

Poi, dopo lo spegnimento delle candeline, ci sarebbe la canzoncina, tanti auguri a te e tanti auguri e me, ve la ricordate?... A tale coro, stonato, ma che dico stonato, stonatissimo, seguirebbero i soliti baci, gli abbracci, lo spumante caldo, i discorsi, gli applausi, e chi si è visto si è visto!... È chiaro, adesso, cara signora?... Ma non è finita!... Mentre lei, la mia lei e non lei della quarta fila, si preparerebbe ad espellere il suo fiato per spegnere, con un solo soffio, quella enorme massa di candeline accese, (a proposito, quante saranno quest'anno?... Boh, mi devo informare!) io, dinanzi a tutti, parenti ed amici, con voce tremante e commossa, le direi: amore, eccoti il mio stupendo regalo di buon compleanno! Ti prego di accettare il bellissimo dono e il mio augurale pensiero!... Sappi che questo stupendo regalo l'ho scelto con amore, con tanto amore!... Auguri!... E scusami se sono commosso!... Scusami!...

E mentre lei, in preda all'emozione, alla preoccupazione della cera che si scioglie sulla panna, alla curiosità di conoscere il mio regalo, inizierebbe a scartarlo con evidente agitazione, io continuerei a parlarle, a toccarla sul braccio, sulla spalla, sulle mani, come a volere richiamare la sua attenzione, tanto per confondere, maggiormente, le sue deboli e ultime resistenze raziocinanti.

- Giù-giù, guardami... ascoltami!... Ma chi l'avrebbe mai detto?... Oggi è il giorno più bello della tua vita!... È vero?... E in questo giorno così bello e unico, oltre a donarti il mio cuore, ti ho voluto fare anche un bellissimo regalo. Sei felice?... Mi senti, giù-giù?... Guardami: sono convinto che una donna come te ne saprà apprezzare tutta la sua penetrante forza e la sua delicata eleganza. È vero, giù-giù?... Se mi permetti, desidero confessarti, senza falsa modestia, che se io avessi avuto un pochino di tempo, questo bellissimo regalo lo avrei fatto fare a mano, a tua immagine e somiglianza, poiché tu, amore, meriti questo, quello e anche l'altro! Forse, con un po' di pratica, l'avrei potuto realizzare io stesso, con le mie stesse mani, ar-ti-gia-nal-men-te! Speriamo di riuscirci per il prossimo anno!... Tanto, tu, sempre insieme a me festeggerai tutti gli altri compleanni!... È vero, giù-giù?...

Che poi, care signori e cari signori, giù-giù, non vuol dire, sotto-sotto, ma, gioia-gioia! Chiaro?... Quando la chiamo così, lei si scioglie come la neve al sole!... In questi casi le potrei chiedere tutto, anche la vita!... Beh, in effetti, la vita già me l'ha donata!... È vero, giù-giù, che me l'hai già donata e che ora la rivorresti indietro?... Come, non la vuoi più?... Nemmeno un pezzetto?... Sei troppo generosa, giù-giù!... Ma per me è troppa!... Sono già sazio di tutte le tue gentilezze!... Danne un pochino alla tua gentilissima mammina e un altro pizzichino alla mia simpaticissima cognata, cioè, a tua sorella, quella tizia che prenderei per il collo, così, e stringerei, stringerei, stringerei fino a farmi male alle dita!... Ahi!... Dio, che male alle dita!... Che male!... Su, dai, giù-giù, non guardarmi così!... Non ha sofferto!... E poi, in fondo era soltanto tua sorella!... Scusa se mi sono lasciato andare!... Ma se non lo facevo adesso, quando mi ricapitava un'altra buona occasione?... Dai, sorridi, giù-giù!... Sorridi e riprendiamo da dove avevamo lasciato! Non puoi?... Hai altri impegni?... Un funerale?... Bene, allora vai!... Vai pure!... E portati anche a tua sorella!... Il cadavere di tua sorella!...

Dunque, cari signori e carissime signore, poi, dopo averle fatto spegnere tutte le candeline, dopo averla fatta piangere per la commozione, e dopo avere mangiato una fettona, anzi, due fettone di torta, continuerei a dirle così, ascoltate uomini e imparate.

- Io, cara, so benissimo che tu sei una donna consapevole dei grossi sacrifici che faccio per te, per mantenerti senza pieghe nell'addome e nei glutei, senza seni cadenti, senza peli superlui sul petto e sulle gambe, senza baffi e senza denti, cioè, con tutti i denti perfettamente incollati al palato. Io lo so che tu lo sai quanti soldi spendo per la colla della tua dentiera!... E cosa ti chiedo in cambio?... Nulla!... Soltanto un poco di attenzione quando mi stiri le camicie. Un po' più d'amore quando cucini per il tuo giù-giù!... E per ultimo, cosa ti chiedo per ultimo?... Solo un po' più di delicatezza, la notte, quando a letto ti giri e ti rigiri, "suspirannu", simile ad una danzatrice del ventre, facendomi ballare, in contemporanea, la tarantella e il ballo di San Vito!... Girati piano!... Che premura hai?... Tanto, prima o poi, sempre a terra finirai! E io ti lascio lì, cara mia!... Ti lascio tutta la notte a terra, tra la polvere, gli scarafaggini, i ragnetti e qualche topolino di passaggio!... Capito?... Girati, piano, giù-giù!... O l'indomani ti sveglierai tra gli spasimi dei dolori più atroci, dolori di ossa causati dall'umidità del pavimento!... E tu lo sai quanto siano terribili e atroci i dolori reumatici!... Lo sai!... Non è la prima volta che dormi per terra!...

Per quanto riguarda il telecomando, questo benedetto segno del potere domestico, ideato dall'uomo e diretto all'uomo, anche su quello avrei qualcosa da ridere sui turni.

Però, se a te sta bene adoperarlo solo il martedì e il venerdì, dalle 20,30 fino alle 20 e 35, io te lo lascio benissimo gestire e senza influenzare troppo le tue scelte, a patto e condizione di non russare durante le partite. Hai visto, giù-giù, quanto ti vuole bene il tuo dolcissimo maritino?...

A questo punto, la mia amata e sensibilissima Rosalia, stordita dalla gioia, dovrebbe essere già svenuta, distesa a terra, ai miei piedi! Allora io, con dei buffettini sulle guance, le direi: ti prego, Rosaliuccia, riprenditi!... Non è il caso di scioperare!... In fondo, io ti concedo quasi tutto!... Non mi costa niente darti i privilegi che ogni donna merita, come, ad esempio, il farti andare in chiesa, il farti andare a fare la spesa, il farti andare da sola, e sottolineo sola, da tua madre, dal parrucchiere, dalla tua amica Concetta, quella che abita al piano di sotto!... È vero o non è vero?... Certo che ne hai fatta di strada!... Questa si ch'è vera emancipazione! Da padre-padrone, l'uomo, ahimè, è diventato garzone!... Ma non fa niente, è giusto così!... I tempi sono cambiati!... Il mondo è maschio, ma la terra è donna!... E le donne, come ben sappiamo, non bisogna batterle nemmeno con un fiore!... Purtroppo, in molti, non l'hanno ancora capito che non serve a niente in quanto, succede, sempre, che si rompe il fiore!... Sempre!... Lo so, signore, dico a lei che mi guarda dalla quinta fila, ho detto un'altra ca...volata, è vero, ma la mia signora, Rosalia, come ella stesso potrà notare, è ancora svenuta e di cavolate, in questi frangenti, ne posso dire quante ne voglio!... Come dice?... Non la vede?... Meglio per lei, così, questa notte non avrà incubi!... Comunque, in questo caso, non appena la mia gentilissima signora riprenderebbe conoscenza, la situazione generale cambierebbe subito, purtroppo! E questo sa perché?... Per via della giusta e benedetta emancipazione! Difatti, non appena la mia giù-giù salirebbe su, nel senso che si riprenderebbe dallo svenimento passando dalla posizione orizzontale a quella verticale, molto più congeniale all'uomo erectus, io, sarei costretto a dirle più o meno così: mi ascolti bene, signora, e impari la lezione. Dico anche a lei, signore, a lei che ride sotto i baffi!... Anche lei ha bisogno di ripasso!... Dunque: immaginate la mia Rosalia, semi stordita, mentre mi guarda con passione e docile coinvolgimento emotivo, e immaginate il sottoscritto, mentre con voce suadente e sguardo da George Clooney, le dice:

- Ti prego, amore, non farmi pesare sulla coscienza, tutte queste pochissime spesucce che faccio per te!... Non rinfacciarmi che faccio troppo per la mia carissima e bellissima mogliettina tutta pepe e palestra! Tu, per me, sei il più bel dono che la vita mi abbia fatto in tutta questa porca, bastarda e crudele vita di merda!... Forse non lo sai, ma io, spesso, mi domando: cosa sarei stato senza di lei?... Niente!... E cosa sono insieme a lei?... Niente!... e se niente più niente fa niente, chi sono io?... E la risposta, mia cara giù-giù, è sempre la stessa: ni-en-te!... Io sono niente!...

Ma te lo immagini tu, che bella vita farei da solo?... Dico, te lo immagini, Rosaliù?... Sprecherei il mio inutile tempo rincorrendo chimere: donnine giovani, donnine bellissime, fanciulle dal corpo flessuoso, come un giunco, donnine dalla bocca più dolce del miele, con occhi più azzurri del cielo e, spesso, più neri dello stesso carbone e più castani delle stesse castagne. Una varietà infinita di bellissime donne che soltanto all'indomani della nostra breve e vana conoscenza, dopo una notte passata in bianco, a parlare del più e del meno, mi lascerebbe con l'amaro in bocca! E perché!... Dimmi, lo sai il perché mi lascerebbero l'amaro in bocca? Nooo?... Non lo sai?... Non lo immagini?... Nooo!... Oh, beata gioventù!... Ingenua e innocente gioventù che passi in fretta e non torni più!... Ma è semplicissimo, giù-giù!... Tutte queste bellissime donne, mi lascerebbero l'amaro in bocca perché non farebbero in tempo a conoscere i miei gusti, le mie abitudini!... Troppe ne cambierei, troppe, al fine di trovare in una, solo in una, quello che avevo trovato in te!... Di conseguenza, la mattina, prima di andarsene, prima di sparire dalla mia vita, mi porterebbero, a letto, il caffè dell'addio, amaro, come il veleno! E queste avvelenatrici, che farebbero queste mie involontarie avvelenatrici?... Come?... Non lo sai e non lo vuoi sapere?.. Lo so, cara, che tu non ami fare gossip, lo so!... Ma è per questo che io te lo voglio dire!... Queste benedette donne, sai come si chiamano oggi?... Si chiamano come la macchina della Ford: Escort!... A proposito, ti ricordi quando avevamo anche noi una bella Escort?... Bianca!... Non ricordi?... Capisco, non è giusto far sapere che tu eri l'unica proprietaria di una escort!... La gente potrebbe malignare!...

Dunque, come stavo dicendoti, secondo me queste macchine, cioè, tutte queste fanciulle, svanirebbero nel nulla lasciandomi solo, immerso nel silenzio tragico della solitudine, triste, insoddisfatto, nuovamente proteso, ma più che altro, "teso", alla ricerca di un'altra donna, di un'altra bellissima sconosciuta, di un'altra escort che mi lascerebbe in panne, magari in mezzo all'autostrada del sole, e senza zucchero nel caffè!... Capisci la metafora?... Dio, quante amarissime delusioni!... Quante delusioni per il mio povero cuore, offeso dalla vita, dai pregiudizi, e dalle coronarie!... E perché tutto questo?... Perché tutto questo via vai di donne?... Perché tutto questo irrefrenabile Calvario?... Per sentirmi meno solo?... Nooo!... Per sentirmi meno angosciato?... Nooo!... Per essere meno depresso e pessimista?... Nooo, anzi, forse!... Ma, secondo te, secondo la donna che mi conosce meglio di come mi conosce mia madre, secondo il parere della donna che oltre ad avermi ammirato in abito e camicia, mi ha anche ammirato in mutande, quasi completamente nudo... ricordi? Era d'estate e c'erano le stelle! Correva l'anno... l'anno... ma lo sai che non me lo ricordo più! È stato prima o dopo l'incoronazione di Giulio Cesare?...

Comunque, secondo te, io, cosa cercherei in ogni donna?... Porco?... A me?... Hai detto porco a me?... Rosalia, ti stai sbagliando!... E di grosso!... No, non è come tu credi!... Io non penso sempre e solo ad una cosa!... Ci mancherebbe che io pensassi solo e sempre a quella cosa!... Penso anche ad altre cose poiché la donna non ha solo quella cosa, ha tante altre cose che se ci penso mi verrebbe di dare una sforbiciata anche alla mia cosa e metterla in cornice con la sua cosa!... Quale cosa?... E che ne so io!... Con tutte queste cose che ho da pensare, mi sono dimenticato dove abita la sua cosa! A parte il fatto che, spesso, non riesco a trovare nemmeno la mia cosa!... Sei contenta?...

E adesso, secondo te, te che conosci il mio dramma, io, in una donna affascinante, cercherei soltanto la sua bellezza interiore?...

Nooo!... Cercherei anche le sue straripanti ricchezze esteriori?... Nooo!... Cercherei, magari, di rifarmi di tutte le sportellate che la vita mi ha rifilato?... Sììì!... E qui, mia cara, inizierebbe il mio vero e unico dramma, poiché, più cercherei di rifarmi e più scenderei i pietosi gradini della depravazione, della sfrenata lussuria, del totale abbandono del comune senso del peccato, del comune senso del pudore, del senso unico alternato!... Sono convinto che in breve tempo, diventerei un bruto!... Guardami, giù-giù, guarda come si può trasformare un integerrimo galantuomo in uno squallido e bavoso bruto!... Guarda!... Oooh!... Aaah!... Eeeh!... Uuuh!... Hai visto che brutte boccacce che riesco a fare?... Se solo volessi, riuscirei anche a sbavarmi a comando!... Ma quello lo faccio già da solo e senza telecomando!... In men che non si dica, sfiorerei, anzi, toccherei il più basso gradino del piacere sfrenato per poi risalire la china dei sensi per sentirmi proiettato verso le più alte vette dello spirito, dove risiedono tutte le più spregevoli passioni e tutti i più blasfemi piaceri della carne e del pesce, del pane, del vino e della frutta, dolce compreso!... Certamente, cara la mia Rosalia, finirei vittima dei settemila vizi capitali: sesso, droga e Rok'n roal in testa! Poi passerei al fumo, all'alcol, alla coca-cola, al viagra! Dio che tristezza!... Il viagra!.. A me il viagra?... A me?... Sì, grazie, me ne dia un'altra confezione!... Eh, già, meglio abbondare quam deficere, dicevano gli antichi che non sapevano nemmeno cos'era il viagra!... Dio, che vergogna, giù-giù!... Che disonore!... Ti ricordi quando... quando... Dimmi quando tu verrai / dimmi quando quando quando... Aspetta, cavolo, non vedi che non ricordo più che cavolo dovevo ricordarti!... Ah, già, stavo pensando che adesso, anch'io prendo la pillola!... No, non la piccola anticoncezionale!... Non c'è pericolo!... Si tratta di una pillola azzurra fatta apposta per un ex principe azzurro caduto in disgrazia!... Te l'ho già spiegato: si chiama viagra!... A cosa serve?... Non lo so!... L'ho appena dimenticato!... Ma io, cara Rosalia, tanto per non sapere leggere e né scrivere, la prendo lo stesso, insieme a quelle che prendo per la pressione, per le varici, per il cuore, per il fegato, per il diabete. Tanto, una in più o una in meno, non credo che mi dovrebbe fare male proprio questa pillola azzurra!... Guarda, ne ho una proprio a portata di mano!... Vedi com'è bella?... Guarda!... Non è nemmeno rotonda!... La vuoi?... La vuoi assaggiare?...

Comunque, cara Rosalia mia, a questo punto della mia drammatica tragedia umana, il destino, crudele, per mortificare il corpo e irrobustire lo spirito che si agita nell'uomo, mi condurrebbe per mano tra i sentieri del Kamasutra, alla ricerca delle origini ancestrali della vita. Quel fetente di un destino boia, mi condurrebbe, come uno scolaretto alle prime avvisaglie della imminente e precoce adolescenza, tra le ferree discipline di quella lussureggiante filosofia orientale, tutta pratica e pochissima teoria. Che fatica, Rosalì, che fatica essere uomini!...

Certamente, dopo avere provato tutto questo indicibile contrasto di piaceri e vizi, queste mortificanti sensazioni di goduria sia per l'anima che per il corpo, verrebbe l'ora in cui mi piomberebbe addosso il castigo della vita, la mortificazione della vecchiaia, il rimprovero di Dio!... No, ti prego, non tentare di consolarmi con le tue parole, con le tue carezze, con i tuoi baci!... Ti prego!... Piano, mi stai stropicciando l'abito migliore!... Lo so, tu tenti di consolarmi, mia dolce Rosalia, ma io l'avverto che anche per me, prima o poi, verrà il momento in cui non avvertirò più nessuno stimolo vitale, lo so!... Allora, come un santone in cerca di pace e solitudine, mi ritirerò in un convento, nei pressi di Saint Vincent o nelle vicinanze di Saint Tropez e lì, in quegli eremi sperduti e silenziosi, pregherò il Signore di portarmi un po' di fortuna, una piccola spinta per rifarmi dalle grosse spese sostenute!... E perché tutto questo?... Perché?... Perché in ogni avrei cercato la mia amatissima sposa!... L'unica, la sola, alla quale dovrei passare gli alimenti!... Quest'odiosa e misera tassa che a te non basterebbe nemmeno per pagare il tuo parrucchiere, Felix, ma che per me sarebbe l'unica risorsa per non fare la fine di un barbone!... Ma dico io, cara giù-giù, hai passato una vita a fare dieta e digiuno, digiuno e dieta, e adesso, proprio adesso, dopo il benedetto divorzio, hai deciso di mangiare?... Dico, non potresti rimetterti a dieta?... Proprio ora hai deciso d'ingrassare?... Ora che hai ottenuto la libertà e ti devi rimettere a volare?...

Sappi, comunque, che onde evitare simili

bassezze appena accennate, il buon senso m'induce a sopportare anche i tuoi capricci, le tue sfuriate, le tue angherie. Mi riferisco, nello specifico, a quando sulla pasta, al posto della salsa, mi ci metti il ketchup e dici che trattasi di ragù, di un ragù particolare, ottenuto grazie ad una ricetta di tua madre. Di tua sorella, semmai, che fa la stessa cosa con suo marito e quel deficiente continua a dire che come fa il ragù sua moglie non lo fa nessuno!... Scemo!... Ho un cognato scemo!

Però, mia cara Rosalia, malgrado il tempo, malgrado i tuoi numerosi difetti, malgrado l'insensibilità che ti contraddistingue, specie quando mi gratti la schiena e fai finta di non trovare mai il punto G, il punto da grattare, io ti voglio bene ancora, più di ieri e meno di domani!... Come potrei dimenticare le tue rare qualità, il tuo unico e particolarissimo profumo di ascelle sudate?... Come potrei scordare il suono melodioso della tua voce quando, nel bel mezzo della notte, mi scuoti, mi riscuoti, mi chiami per nome e cognome e mi dici:

- Totò Bellolampo, stai dormendo o sei mooorto?...

Io la sento, la sento da una lontananza che solo gli angeli riescono a comprendere e a vedere e penso: che cavolino ne so, se sto dormendo o se sono morto, come faccio a saperlo se tu mi svegli nel mezzo della notte? E il bello è che penso anche di risponderle col pensiero e che lei sia capace di decifrarlo e comprenderlo!... - Io, se proprio vuoi saperlo, ricordo solo che mi stavo divertendo un mondo a sognare e a russare?... E adesso, grazie alla tua mania di fare domande, addio sogno, dovrò riprendere da capo!... E purtroppo, mai una volta che mi sia riuscito di rientrare nello stesso sogno e con le stesse protagoniste!... Mai!... Sempre diverse!... Giuro!... Lei, ovviamente, continua a sbriciolare i miei sogni e a chiamarmi per nome.

-Totò, nun mi fari scantari!... Muristi o sta murennu?...

Io, nel mezzo del cammin della nottata, cosa dovrei risponderle?... Sì, gioia, sono morto, o sì, gioia, sto per offrire l'anima al Signore?... Allora, onde evitare equivoci e discorsi inutili, faccio le corna e mi tocco... non so cosa, ma mi tocco!... Lei, nel frattempo, continua a rompermi i timpani e a frantumare anche i miei pensieri, quelli ancora addormentati, quelli appena ridestati e quelli ancora non connessi con la realtà che li governa

- Arrispùnnimi, Totò!... Arrispùuunnimi!...

Nemmeno morto, penso io!... Anzi, sai che faccio, dico a quella parte di me stesso che non desidera svegliarsi, io continuo a fare il morto, che più morto non si può, così la finisce di fare domande inutili ad un morto!

- Totò, bedda maaatri, accussì si mooori, accussììì?... Senza mancu avvisaaari?...

La prossima volta ti mando un telegramma!... Questo penso, mentre, ormai, più vivo e sveglio dello stesso Lazzaro, decido di continuare a fare il morto. Me la voglio vedere tutta come si comporta dinanzi al mio cadavere!... Se piange dal dolore o ride dalla gioia!... In ogni caso, a questo punto, credendomi trapassato, il gioco è fatto! Con quelle sue belle parole, con l'angoscia con le quali cercava di comprendere il mio stato, come minimo avrà già inondato di lacrime anche il soggiorno e il salotto, compreso la casa della signora Antonietta, che abita al piano di sotto, vicino alla signora Concetta. Io, approfittando del suo stato d'animo, tenero, docile e remissivo, sapete che cosa farei?... All'improvviso, resusciterei. Bau sètteteee!... Lei, dalla gioia, all'improvviso, ne morirebbe!... Succederebbe una tragedia, peggio di quella di Giulietta e Romeo!... Io resuscito e lei muore!... Lei muore ed io resuscito!... Dio, che fortuna! Che felicità!... Ma siccome il sottoscritto non è un sadico, allora, preso da umana compassione, tenterei di rianimarla!... Tenterei!... Dopo due ore di schiaffetti e di bende fresche sulla fronte, lei, piano-piano, tornerebbe a vivere... forse! Il suo provato cuore riprenderebbe, lentamente, a battere... forse! Dico forse, anche se a casa nostra, questi avvenimenti straordinari avvengono due o tre volte al giorno, a causa dei mie suoceri e dei miei vecchi genitori!... Muoiono e resuscitano come niente fosse, a forza di schiaffi, di bende fredde e di pugni sul petto, proprio in direzione del cuore!...

Dico forse, anche perché la prudenza non è mai troppa, quando si tratta della mia cara

Rosalia! In balia della più totale commozione, potrei dimenticare, ad esempio, di darle gli schiaffetti! Oppure, potrei dimenticare di cambiarle la pezzuola inzuppata di acqua fresca!... Mi potrebbe anche succedere di scordare di farle il massaggio cardiaco o di praticarle la respirazione bocca a bocca!... Tutto può succedere in questi terribili momenti di totale confusione mentale!... Comunque, mettiamo che io esegua tutto alla lettera, cosa succederebbe, secondo voi, appena lei si riprenderebbe?... E qui viene il bello!... Ve lo dico io!... Dunque, appena lei resusciterebbe e mi vedrebbe vivo e vegeto, accoccolato al suo fianco, come un tenero ragazzino innamorato, aprirebbe le saracinesche dei suoi occhi e piangerebbe per tre mesi interi. Poi, inizierebbe a mordicchiare le lenzuola, la coperta, il materasso, le reti... ma non perché si sveglierebbe affamata!... No!... Ma per dar sfogo alla sua felicità!... Per la graditissima sorpresa!... Per la grande e irrefrenabile commozione! Credetemi, cari amici, non la finirebbe più di pizzicarmi le mani e le braccia, di graffiarmi la faccia, di tirarmi i capelli!... Non la finirebbe più di battere il mio petto con i suoi pugni!... Con questi gesti, così innocenti e virili, dettati da una naturale compartecipazione affettiva, non farebbe altro che constatare se io, il suo adorato sposo, sarei veramente vivo, ancora in carne e ossa, o sarei solo un triste miraggio, una visione onirica del suo desiderio, o un semplice ectoplasma creato dalla sua fantasia!...

Io, a questo punto, le suggerirei di portare sua madre e suo padre nel più lontano ospizio della Nazione, ovviamente, dopo avermi delegato per il ritiro della loro pensione!... Anche se trattasi di una misera pensione, come si dice dalle nostre parti: ogni fegatino di mosca è sostanza!... Se i miei suoceri andassero via, ai miei genitori rimarrebbe la stanza e la televisione tutta per loro. Senza parlare, poi, dei pannoloni che i miei suoceri gli fregano, anche di notte, perché si sono messi in testa che quelli loro se li devono conservare in caso di bisogno. Di estremo bisogno!... Credetemi, il loro armadio trabocca solo di pannoloni. Se dovessero vivere per altri cento anni, non ce la farebbero a consumarli tutti, nemmeno se avessero la diarrea cronica!

Come stavo dicendovi, la mia Rosalia, in

questi momenti di resurrezione, così intensi e particolari, felice e incredula di potermi ancora vedere, abbracciarmi, godere ancora della mia presenza fisica e spirituale, acconsentirebbe a tutto quello che io le proporrei! Nulla potrebbe contro la mia volontà!... Ditemi, che sono abbastanza sensibile!... Che sono abbastanza altruista!... Ma non ditemi, per favore, che sono un eccentrico egoista!... Me lo dico da solo!... Io, sono un eccentrico egoista!... Siete soddisfatti?... E poi, come potete notare, si vede dallo sguardo quanto io sia sensibile e accondiscendente!... Ma io, credetemi, non faccio tutto questo per un mio preciso tornaconto!... Nooo!... Io, faccio questo e più di questo, perché sono un vero talento del risparmio!... Perché sono amante della quiete familiare!... Perché sono un uomo che desidera offrirsi alla sua compagna con tutto se stesso!... Un uomo che saluta con gioia l'emancipazione della donna, anche della donna di casa, della donna ruspante, della donna che svolge il ruolo di badante, di domestica quasi addomesticata!... Ma che fatica!... Che grande fatica!... Però, confesso, quando pervengo al successo, oltre a non sentire più nessun senso di stanchezza, avverto, in me, una grande soddisfazione!... Mi pervade un senso di potenza quasi illimitata e divina!... Avverto questa straordinaria sensazione di potere, soprattutto, nei momenti in cui sento di manipolare la volontà e i gusti delle persone, in particolare, quelli di mia moglie!... Mamma che soddisfazione!... Che grande soddisfazione! In quei momenti, mi sento un tirannosauro Rex! Un camaleonte mascherato da timido passerotto! Un grande ingegnere idraulico in grado di sturare e otturare tutti i sensi e i controsensi della persona in oggetto: mia moglie! Ma per favore, non glielo dite appena si riprende!... Potrebbe rimanerci male!... Psss!... In fondo, se grattiamo un po' la sua corteccia, anche lei, giù-giù, e in questo caso giù-giù sta per, sotto-sotto, ha una sua specifica sensibilità!... Almeno così credo io, anche se qualcuno potrebbe sostenere che io, in quanto marito, sono parte interessata e il mio ovvio giudizio deriva da un pregiudizio, da profondo e sincero affetto coniugale. Può darsi!... Non lo nego!... D'altronde, l'amore non è acqua!

Comunque, cari amici, tutto è bene ciò che finisce bene! Anche per questo benedetto compleanno, con un buon libro di poesie riciclate me la caverò!... È inutile, con le donne bisogna saperci fare! E saperci fare, con le donne, non è facile! È un dono di natura! E la natura, fortunatamente, mi ha gratificato! Difatti, prevedo che a questo punto della scena, lei, commossa, singhiozzante e bagnata di pianto e di muco, mi butterà le braccia al collo per dimostrarmi la sua grande gioia e la sua infinita gratitudine.

Io, da buon vecchio camaleonte, in agguato sulle sue emozioni, penserò: mamma, com'è scema!

Lei, docile e ingenua creatura del paradiso, sempre pronta a raccogliermi la mela, penserà: mamma, com'é stronzo!

E insieme, docili animali che si accontentano di sopravvivere, penseremo: minchia che sceneggiata!... Che teatrino!... Che Teatrino!

FINE

Michele Sarrica è nato a *Castelbuono*, (PA). Scrive in lingua e in dialetto siciliano. Oltre alla poesia estende i suoi interessi anche in campo teatrale. È iscritto alla SIAE con la qualifica di Paroliere e Autore nella sezione DOR (dramma operette e rivista). È inserito in prestigiose Antologie e ha vinto numerosi e qualificanti premi letterari.

Ha pubblicato:

"Scenografia di riflessi" 1983; "...Pi nun lassari càdiri la luna" I Edizione, 1986. II Edizione, 2009; "Alla periferia del quotidiano". 1996; "Raccontare un paese" 1999; "Frecce contro il cielo" 2000; "Auguri" 2001; "Quotidiano Imperfetto" 2002; "Euforia del malessere" 2003; "Il fascino del sempre" 2005; "Ogni jornu... la vita" 2008; "Semaforo rosso" 2009.

Racconto per ragazzi: "La strana fuga del gorilla Gerry" Ed. Lulu , 2009.

Ha curato l'antologia poetica "Emozioni primaverili" (Percorsi d'amore e sensitività) Ed. Unibook, 2010.

DELLO STESSO AUTORE

Diritto
Polvere
L'autore
Il regalo
Il bacio
I ricordi
L'insegnante
Scacco matto
La regina delle rose –
Quasi vedovo / quasi allegro

ASSOCIAZIONE CULTURALE
IL VENTAGLIO
VIA M 1 N. 10
90040 CAPACI (PA)

No-profit

Ed.Lulu.com

Finito di stampare negli stabilimenti di
Lulu.com
nel mese di dicembre 2010

www.ingramcontent.com/pod-product-compliance
Ingram Content Group UK Ltd.
Pitfield, Milton Keynes, MK11 3LW, UK
UKHW020217250726
13967UKWH00001B/38

9 781446 675670